Roberto Solinas

IRRESISTIBILMENTE

Le vie della persuasione e della manipolazione

Prologo

Ho cercato di scrivere in modo chiaro anche se suggestivo.
Ho voluto farti riflettere e darti idee.
Puoi svilupparle se vuoi, comunque agiranno in te.
Ho pensato a quel confine sottile che separa la speranza
dall'illusione.
Forse ti sorprenderò.
Certo alla fine sarai cambiato.

Definizione

'La persuasione è un processo comunicativo che porta un soggetto, attraverso un'opera di convinzione esplicita o implicita, palese o nascosta e senza ricorrere alla costrizione fisica a far compiere a un altro una data azione o a mutare un suo indirizzo di pensiero.'

'La persuasione è un trasferimento di una volontà, di una decisione, di una credenza da una mente all'altra.'

1 Parole

Immagina campi immensi, smisurati, dove una moltitudine di uomini è intento a seminare. Fermati un momento, lascia che la tua mente li crei, lasciati assorbire completamente... Puoi chiudere gli occhi se vuoi, o fissare semplicemente un punto dove credi. Oppure, leggi lentamente, lentamente ti prego. Prenditi tutto il tempo, lascia che ogni cosa accada.

Libera la tua mente, solo il filo delle mie parole ti accompagnerà. Vedrai sarà bello...ti piacerà. E' una promessa...

Mentre guardi questa scena formarsi e osservi spargere i semi sul terreno con le mani, proprio come si faceva un tempo, noterai in mezzo a un campo una porta. Ora ti avvicini e la apri, davanti a te c'è un'ampia scala. Scendi, percorrila lentamente sempre più giù. In fondo troverai una stanza accogliente e una comoda poltrona.

Siediti lì a pensare e a riposare, immerso nei tuoi pensieri... Pensa a un rapporto tra un uomo e una donna sconosciuti che stanno per incontrarsi... Non importa il modo o il motivo, cosa succederà e perché. Puoi creare tu queste cose...

Immagina la relazione tra un maestro e un allievo in una materia qualunque.

Rifletti sulla strategia di un leader politico nel corso di una campagna elettorale. Cosa dirà per ottenere consenso e come lo farà?

Pensa a un manager che parla ai suoi collaboratori, o a un datore di lavoro con dei dipendenti.

Infine, immagina la giornata in tribunale di due avvocati che dibatteranno davanti a un giudice, o quella di un venditore che incontrerà dei clienti e dalle loro adesioni trarrà il suo sostentamento...

Ora che hai creato queste immagini, che ti sei immedesimato in queste vicende sai bene che...sempre, ovunque, diffusamente vi è persuasione. Nella distribuzione, nei consumi, in azienda, in politica, nella scuola, nell'educazione, nella relazione, nei discorsi e nei momenti di ogni giorno. Sembra proprio che il concetto di persuasione invada la nostra vita e che ognuno in fondo ha bisogno di persuadere un altro per ogni cosa e ovunque.

Tuttavia, se io affermo candidamente che l'unico scopo del nostro incontro è semplicemente persuaderti e che alla fine del nostro dialogo ti troverai assolutamente d'accordo con le mie argomentazioni, ti vedrò immediatamente a disagio e perplesso. Eppure ti penso come una persona garbata e disponibile ad ascoltare. Così proverai timore nei miei confronti, mi accuserai di volerti solo condizionare o manipolare o circuire o ingannare...Forse mi dirai che non ti rispetto, che non condividi nulla o semplicemente mi inonderai del tuo silenzio o te ne andrai dicendomi che ci devi pensare.

Con tutto ciò sarai talmente prevenuto che ogni mia tesi, per quanto buona e argomentata, sarà vista con sospetto e non riuscirò a ottenere nulla di ciò che spero.

Paradossalmente, mentre esercitiamo quotidianamente la nostra persuasione per vivere, abbiamo anche timore di subirla. Eppure, senza questa capacità non troveremo mai un lavoro, nè avremo un amore ricambiato, le nostre parole saranno sempre considerate prive di valore e nessuno ci starà mai seriamente a sentire. Infelici per tutto ciò anche la nostra autostima andrà presto in pezzi.

Ma in un attimo, basterà che io cancelli la parola **persuasione** da tutto ciò che abbiamo detto e la sostituisca con un'altra, ad esempio 'comunicazione persuasiva', perché tutto cambi. All'improvviso, tutto ti apparirà in una luce diversa. Immaginalo ora ti prego, pensaci un poco...

Ora anche i miei precedenti discorsi risuonano in modo nuovo. Tu sai bene che comunicare in modo convincente è un'esigenza indispensabile. A cosa serve una comunicazione che non si associa mai al consenso?... Certo sei interessato ad approfondire queste conoscenze perché attuali, utili e anche interessanti. Stai già pensando come e dove utilizzerai il tuo nuovo sapere...

Ma dato che sei una persona accorta, lo studio della comunicazione a fini persuasivi lo consideri anche un tema delicato e nelle mani sbagliate una conoscenza pericolosa. Manipolatori, affaristi, cercatori di potere, spregiudicati, infidi, furbi, imbroglioni, quanti pericoli...

E allora io cambierò ancora la scena. Cancella dai tuoi pensieri la parola comunicazione persuasiva e sostituiscila con '**comunicazione efficace**'. Cosa accade... sai descriverlo?

Proprio così, hai già capito. Tutto ora appare accettabile, desiderabile, utile. Comunicare in modo efficace sbaraglia, centra il bersaglio, coglie nel segno. L'efficacia è una moda duratura. Irresistibile se attuata in modo chiaro, semplice ed elegante. Un sogno afferrato. Un segreto ambito. Una chiave che apre tutte le porte.

Chi non vorrebbe possederla..?

Chi non invidierà questo 'dono'?

Ho cambiato semplicemente tre parole e il mondo è cambiato.

La parola non descrive affatto, semplicemente crea, crea il mondo e genera nuovi mondi. Persuasione, comunicazione persuasiva, comunicazione efficace, la stessa cosa con sembianze diverse.

Diversi e lontanissimi i tre effetti.

Mondi lontanissimi, creazioni uguali.

2 Chi sono?

Comunicare bene è arduo. Pochi lo sanno fare. Non lo dico per scoraggiarti ma per metterti in guardia da chi ti farà credere che sarà facile, rapido, possibile e fruttuoso. Ricordalo quando ti diranno che tutti possono riuscire. Occorrono ottimi prerequisiti e non si possono inventare...

Nonostante la "vendita" è l'aspetto primario dell'economia e in senso ampio "tutto è vendita" io non sono affatto interessato a convincerti di nulla. Non voglio venderti un'idea, un prodotto, una convinzione, un bisogno. Pensa quello che vuoi e come credi. L'unica cosa che desidero è semplicemente comunicare con te. Poi farai ciò che vorrai del nostro breve incontro. E se stai pensando che il mio è solo un trucco, una tecnica, una tattica per avvincerti e che io in fondo sono sempre e solo un "venditore" io sorriderò senza farlo vedere e penserò in segreto che tu non hai proprio capito niente...

Cosa pensa chiunque di qualcuno che desidera solo "venderti-convincerti" di qualcosa? Sarà facilmente accettato, condiviso, apprezzato? Otterrà facilmente il suo obiettivo? Godrà della fiducia dell'interlocutore o sarà sempre visto con diffidenza e sospetto? Cosa pensano tutti di chi vuole semplicemente raggiungere un fine attraverso una manipolazione? E' desiderabile e auspicabile tutto questo? Più esplicitamente:voglio "venderti" un prodotto, un servizio, un'idea, una convinzione. Non mi importa nulla realmente di te, mi interessa solo il tuo acquisto, il tuo consenso. Stop. Ti piace?

Allo scopo sarò un trasformista, un piazzista, un equilibrista. Sarò mascherato, magari da consulente, da esperto, da specialista, o sarò un'autorità... Mi servirò del mio status, del mio prestigio tale o presunto, farò leva sul mio ruolo. Fingerò rimanendo nel lecito, nel legale, nell'area grigia dell'ipocritamente possibile. Sarò al bisogno ammiccante, accomodante, adulatore, e soprattutto non sarò mai me stesso, nascosto dalla mie maschere fino a riuscire. Ti piace? Oltre a rispondere sempre NO ora puoi fare una scelta... Se vuoi avere piena coscienza della tua comunicazione e delle sue conseguenze devi chiederti sempre: chi sono, chi voglio essere? Vuoi essere un 'manipolatore' o un persuasore? Cosa ti attrae di più?

Se è la seconda possibilità a cui aspiri nel segreto dei tuoi pensieri, percorrerai una strada sconosciuta dove comunicare non vuol dire mai manipolare.

Vieni.

3 Cose obbrobriose

C'è una tranquilla cascatella di calda acqua termale alle tue spalle. Proviene dal profondo, dalle viscere della terra. Segue da centinaia di anni percorsi sotterranei e segreti. Sgorga sempre nella stessa quantità e alla stessa temperatura. Forse è inesauribile…

Così ti siedi nell'acqua e lasci che la sua caduta scolpisca e distenda il tuo corpo con un potente idromassaggio. Resti disteso nella tranquilla forza di quel discendere. Ogni tanto cambi posizione perché un'altra parte di te goda del suo sorgere, del suo dolce e caldo precipitare. E man mano che ti senti rinvigorire, hai la chiara consapevolezza di quanto tu ora sei sereno, profondamente sereno…

E ti sovviene come un'intuizione improvvisa l'immagine di alcuni comportamenti diffusi e comuni. E ti affiora l'esigenza di cancellarli dal tuo pensare, dal tuo parlare, dal tuo agire. Li lascerai fuoriuscire fino a dissolversi come fossero gocce di pioggia che scivolano giù da un tetto quando piove.

Evita di insistere, di incalzare, di pressare, di imbonire…Forse ti è rimasto impresso quando hai subito questo agire. Forse ti rattrista la coscienza di averlo prodotto. Forse hai cercato di scampare ma sei stato inseguito, o ti sei sottratto, o hai sopraffatto, o hai semplicemente ceduto per poi pentirti? Ricordi… Quel senso di fastidio, il disagio, la sensazione di violenza nell'essere manipolatore o manipolato?

Rinuncia pure a presentare lungamente, a magnificare a esaltare a voler fare apparire migliore e perfetto quello che dici. Smetti di presentare il tuo discorso come oggettivo, serio e coerente, tu non sei la verità nè la sua ombra. Dietro al tuo parlare nascondi solo autoreferenzialità , rispetto a te stesso, al tuo ruolo, alla tua persona, alla tua azienda, al tuo prodotto, al tuo servizio, alla tua parte, alla tua causa, ai tuoi fini, ai tuoi vantaggi. Non fai altro che sussurrare al tuo interlocutore "io so, io sono, devi fidarti, fidati, sceglimi".

Tra i vapori delle acque sulfuree dopo aver detto tali cose ho visto sollevarsi il corpo di una donna che sedeva di fronte a me e ascoltava. Lei ha fatto tre passi per poi rituffarsi e sedermi accanto. E accostando in segreto la sua bocca al mio orecchio mi ha sussurrato divertita :"Ma le aziende, i venditori, i politici, e i comunicatori più diversi non fanno null'altro che questo…". E ci siamo guardati e sorrisi senza parole. E con lei vicina le ho suggerito a bassa voce…:"Quando troverai inutili queste cose obbrobriose, quando sorriderai ricordandole, quando non ti piaceranno affatto, e soprattutto quando saranno scomparse dai tuoi pensieri avrai fatto un passo. Il primo. Quando questi verbi lontanissimi saranno solo un ricordo, qualcosa di dimenticato, di accantonato, di scomparso. Quando lentamente avrai lavato ogni tua parola, gesto o comportamento ti apparirà chiaro che **il primo tratto della persuasione è il disinteresse verso la persuasione stessa.** Se hai bevuto a una chiara e fresca sorgente di montagna, se ti sei immerso o hai nuotato in una calda acqua termale e dopo aver cercato hai raggiunto, ora puoi fermarti. Fermati dove vuoi…"

Così ci siamo fermati altrove.

4 Irresistibilmente

Il punto principale non è esserci, comparire , riempire di sé ogni spazio, ogni occasione. Il nostro compito è semplicemente **farci ricordare**.

Lontanissimi dalle asfissianti presenze, dalla tentazione di comparire a tutti i costi resta impresso ciò che è unico, diverso, particolare. Si imprime soprattutto uno stile. Ci cambia ciò che ci colpisce intensamente, ciò che ci assorbe e ci sottrae a tutto il resto. In quei momenti siamo assolutamente immersi in quella cosa, in quel discorso, in quelle parole, in quell'ambiente, in quelle sensazioni. E in quel particolare stato mentale che ci ha piacevolmente conquistato all'improvviso ci sentiamo proprio bene. Anche la percezione del tempo si è trasformata. Un'ora ci è sembrato un minuto. Tutto il resto è scomparso. Lì stanno cambiando le nostre idee. Li stanno invisibilmente trasformandosi le nostre credenze. Lì noi siamo irrimediabilmente diversi da prima e ciò che abbiamo creduto fino a un momento fa non ritornerà più.
Spesso non avremo l'immediata consapevolezza del nostro cambiamento, delle nostre mutate convinzioni. La realizzeremo solo nel tempo.

In apparenza Irresistibilmente si presenta come un metodo di comunicazione ai fini persuasivi. In realtà è almeno qualcosa di più… Ma io tacerò sulla sua natura perché desidero che tu la scopra da solo. Se troverai queste risposte ti colmeranno di valore e ne sarà valsa veramente la pena. Dirò semplicemente che è applicabile a qualsiasi tipo di interazione umana e con leggeri adattamenti, in qualsiasi ambito.

5 Magritte

Celata nei quadri di Renè Magritte c'è una parte importante di Irresistibilmente. Forse lui l'ha pensata camminando lungo un viale o in un momento che ha voluto misterioso come i suoi dipinti... Se l'ha fatto, comunque, non ne ha parlato mai.
Gli siamo grati per averla forse pensata, non pensata, intuita o semplicemente per avercela sempre taciuta.

L'artefice Magritte ricercò da subito il nuovo e l'originale, creò immagini sorprendenti e ci fece riflettere attraverso il nostro stesso stupore.
"Cercai di trovare una collocazione che mi permettesse di vedere il mondo diversamente da come lo si voleva imporre. Possedevo una certa tecnica pittorica e, per quel che mi riguarda, ho cercato di fare cose volutamente diverse da tutto ciò che conoscevo in pittura. Ho provato il piacere della libertà di dipingere immagini il meno conformiste possibili."

E misteriosamente ci persuase...

6 Confini

Sai, c'e un confine sottile che separa la speranza dall'illusione. Noi viviamo senza distinguerlo. Crediamo di essere ma non sappiamo realmente dove siamo. E se da tempo ci siamo perduti in un'illusoria speranza lo capiremo solo... molto più tardi...

Perciò osserva e cogli. Più ci riesci più potrai intuire quella linea che separa quel confine.

Il punto d'arrivo, il miglior risultato possibile di una comunicazione efficace è la persuasione.

Essa è l'avamposto estremo che genera azione e cambiamento.

E' lo spazio più avanzato delle nostre parole che rimarranno impresse e incideranno sui pensieri.

E' ciò che ci colpirà e ricorderemo, è ciò che lavorerà segretamente in noi e germinerà oltre. Qui, parole gesti e comportamenti raggiungono il loro miglior esito.

La persuasione ha una natura leggera e impalpabile.
La puoi immaginare in un fruscio, in un battito d'ali, in un soffio. La sua forma più potente è indiretta, riflessa, conseguente. Ma questo lo capiremo meglio tra un poco...

E' il miglior auspicio e il miglior esito di un conflitto. Porta chiarezza e soddisfazione. Raggiunge sempre nuovi equilibri condivisi.

E soprattutto non prevarica, non impone, non vuole, non desidera. La sua natura 'etica' considera e rispetta sempre l'opinione altrui. Ma è pure 'ecologica' perché si sviluppa naturalmente senza conoscere e praticare violenza.

Semplicemente penetra, s'insinua, conduce. Sorprende. Dispiega naturalmente la sua forza.

E risolve momentaneamente tutti i nostri dubbi. Ne capiremo le dinamiche.

Ogni confine ha una linea di separazione, ha una zona distinta da un'altra e rappresenta una fine un inizio e un distacco.

La manipolazione, al contrario ha una natura pesante, grossolana e volgare ma non meno sottile. Non si cura di avere un'etica, mira semplicemente a raggiungere un obiettivo a prescindere dall'interlocutore.

Si può dispiegare in forme molteplici, dalla menzogna, all'inganno, fino ad arrivare alla sottile violenza psicologica e a rasentare quella fisica.

Pensa a degli enormi massi che rotolano giù da una montagna e producono una valanga. Li vedi? C'e un rumore assordante e una marea che travolge e invade tutto. Il manipolatore è rivolto solo al suo scopo, null'altro lo interessa.

Pensa ancora a una nebbia densa che cala e invade la città, fino a non permetterti di distinguere i luoghi, fino a confonderti e a voler cambiare il posto delle cose...

Questi due uomini a volte, seppure lontanissimi come opposti alfieri contrari sulla scacchiera, tendono a confondersi. Una vaga, apparente e superficiale somiglianza cela la loro profonda diversità.

Noi sveleremo il primo e smaschereremo il secondo.

7 Rotture di schemi

Fare le cose in modo diverso dagli altri è l'unico modo per farsi ricordare e restare impressi.

Magritte dipingeva oggetti comuni in modo diverso…Nel quadro "I valori personali" c'è semplicemente una stanza con le pareti dipinte come un cielo. Vi osserviamo all'interno un letto, un armadio, un pettine, un fiammifero, due tappeti, un bicchiere, una saponetta e un pennello da barba. La cosa che notiamo immediatamente è che la grandezza e le proporzioni tra gli oggetti non sono rispettate rispetto alla realtà. Ne esce qualcosa di nuovo che ci incuriosisce e ci sorprende…

I valori personali 1952

"Mi si rimprovera di presentare nei miei quadri oggetti situati in posizioni in cui non li vediamo mai. ...In considerazione della mia volontà di far urlare il più possibile gli oggetti più famigliari, l'ordine nel quale gli oggetti solitamente si collocano doveva essere evidentemente sconvolto".

Le vacanze di Hegel 1958

Un ombrello normalmente serve a ripararsi... nelle "vacanze di Hegel" invece sostiene un bicchiere...Bastano due oggetti riprodotti fedelmente ma cambiandone la funzione o la disposizione perché il pensiero di Magritte diventi visibile, creatore e persuasore.

Il nuovo, l'inedito, l'inconsueto si fanno notare e ricordare prima e meglio degli altri. La novità in sé già desta perché rompe con il ripetersi quotidiano, perché valica i vecchi schemi per ricercarne dei nuovi.

Il nuovo non solo cambia ma amplia le prospettive.
Nell'opera "Il castello dei Pirenei" Magritte viola ogni legge della fisica mentre fa fluttuare nell'aria sopra una spiaggia marina un enorme blocco di roccia con un castello alla sommità.

Rompere gli schemi fissa l'attenzione, induce a riflettere e a porsi domande.

Rompere gli schemi aiuta a fare capire. Al contrario ogni comunicazione che si rifugia e tende all'uso di tecniche e al tecnicismo sottende manipolazione.

Qui la persuasione è deprivata della sua componente essenziale la leggerezza…

Così prende scorciatoie per riuscire forzatamente, usa la pressione o l'inganno in luogo della distensione e trasferisce solo l'illusione di attraversare la sfera cosciente e situarsi in quella profonda delle convinzioni…

.

Il castello dei Pirenei 1961

Nelle tele di Magritte c'è sempre presente un assoluto contrasto di elementi che stupisce, risveglia, induce a pensare e a porsi delle domande.

Lo stupore, la meraviglia, la riflessione che produce l'osservazione dei dipinti si insinuano lentamente e in modo impalpabile. "Nell'impero delle luci" guardiamo un posto notturno sotto il cielo del giorno. Nel suo quadro impossibile dipinge contemporaneamente il giorno e la notte.

L'impero delle luci 1954

Il persuasore Magritte pensa e da vita a nuove immagini che riproducono cose reali ma rompono con la realtà.

Negli effetti di scambiare l'interno con l'esterno, rappresentare contemporaneamente il giorno e la notte, cambiare le proporzioni tra gli oggetti, sbaraglia ogni schema conosciuto e... si fa ricordare.

E i titoli dei suoi quadri poi... Cercati a lungo facendosi aiutare dagli amici, ma senza necessariamente una correlazione diretta con il quadro. Altamente evocativi, a volte misteriosi, multisignificanti.Tutto è concepito per ampliare lo spazio di attrazione della sua opera.

In lui non c'è però mai traccia di manipolazione...

8 Truffaut

Esistono infinite rotture di schemi in qualsiasi campo dell'attività umana. L'originalità sta nel saper guardare da un altro punto di vista, da un'altra visione delle cose.

Nella scena iniziale del film di Francois Truffaut "L'uomo che amava le donne" del 1977, al funerale di Bertrand Morane (interpretato da Charles Denner) si presentano solo donne. Sono le donne che lo hanno conosciuto e da cui sono state felicemente sedotte.

Tuttavia, Truffaut non parla del solito, comune, stereotipato, Casanova narcisista, compulsivo, ossessionato dalla conquista in quanto tale e fine a se stessa.

Parla di un osservatore acuto che incontra e non nasconde anche delusioni e rifiuti.

Parla di un protagonista che a modo suo ha amato tutte le donne con cui ha avuto una relazione.

Truffaut è poetico e rende poetico anche il suo libertino Bertrand Morane. "Le gambe delle donne sono dei compassi che misurano il globo terrestre in tutte le direzioni, donandogli il suo equilibrio e la sua armonia".

Nel finale, la bella Genevieve, la donna che più l'ha compreso, riassume la sua storia e si spinge a dare spessore e implicazioni alla sua filosofia. "Abbiamo bisogno di cercare in tante persone quello che la nostra educazione pretende di farci trovare in una sola"…

Truffaut che parla d'amore è delicato, poetico ma anche originale, profondo, inconsueto e denso di significati. E traccia con stile nella sua visione nuovi tipi di relazioni umane.

9 Onde

Da un profondo, buio silenzio nasce il suono.

Serve un'oscillazione, un'improvvisa vibrazione perché accada.

Il suono è un onda di energia che influenza i miei pensieri, le mie emozioni.

Il suono orienta, indica, trasforma...

Il suono della voce accompagna tutta l'attività umana.

Se combino il suono con un ritmo ottengo una musica.

Se un suono è troppo complesso o irregolare ottengo solo rumore.

Anche nell'odio nella rabbia e nel furore c'è energia.

Anche questa veicolazione rompe gli schemi e diventa comunicazione efficace.

Anche con tali cose si può incidere.

Johnny Lydon, in arte Johnny Rotten è un paradigma di questa rottura di schemi. La band inglese dei Sex Pistols è un perfetto teatro della provocazione, un continuo generatore di rabbia, furore, scandalo e oscenità.

Johnny Lydon non è un cantante. "Alle prove si lagnavano tutti perché non sapevo cantare, ed era vero. Ancora non ho imparato, neanche ci penso". Non è un musicista ma è assolutamente un artista dotato di un proprio stile creativo che esprime attraverso la sua voce graffiante e disperata, i suoi testi provocatori, la sua presenza originale e i suoi movimenti sincopati sul palco.

Johnny agli inizi degli anni 60' cresce in una casa popolare di un quartiere periferico e degradato di Londra. I genitori irlandesi sono costretti a venire in Inghilterra per trovare lavoro. E' un bambino molto timido e introverso che non parla mai con nessuno. Dai 7 agli 8 anni resta in ospedale per una meningite spinale. A 12, 13 anni inizia ad avere problemi come studente, a 15 a scuola non è più gestibile. "Ne avevo abbastanza di essere maltrattato" . Dai 14 anni compra tutti i dischi che può e resta a casa da solo a sentirli. Al college ha spesso i capelli lunghi e verdi, cosa per l'epoca assai innovativa e un abbigliamento trasandato e originale. E'emaciato, magrissimo, con i capelli a istrice. A scuola ha un buon rendimento è un ragazzo intelligente e ipersensibile ma la sua disciplina è disastrosa. Viene espulso per la condotta. Combatte i professori con furbizia. Li provoca e li istiga fissandoli senza battere ciglio per l'intera lezione. E loro impazziscono per questo suo rompere gli schemi.

Suo padre è un ruvido, duro lavoratore. Sua madre lavora molto anche lei ma è gentile ascolta ogni tipo di musica, è disponibile a parlare di tutto e lo sostiene quando Johnny inizia con i Sex Pistols.

"Quando mia madre sentì per la prima volta i Sex Pistols rimase sconvolta. Non aveva mai visto quel lato di me. Ero un bambino tranquillissimo".

Dopo la meteora dei Sex che ha rapidamente sconvolto il Regno Unito e poi naufragato implodendo su se stessa, Johnny Lydon fonda i Pil (Public Image Limited) che arrivano ancora nella top teen inglese dei dischi più venduti. Il suo stile e la sua creatività d'artista si sono impressi nel mondo della musica. Lui che non ha mai saputo cantare e suonare veramente…

10 Poesia

Qualsiasi comunicazione efficace che ottiene influenzamento contiene aspetti poetici.

La poesia porta in sé un'insopprimibile idea di libertà. Non è mai solo quello che vuole dire. E' illimitabile. Ogni tema può diventare un suo oggetto di esplorazione.

Lei è unica, multisignificante e spazia ovunque. Diviene gioco, bellezza, piacere, poi attualità, impegno, mistero o irrealtà.

Apparentemente la si considera inutile o irrilevante, un poeta non ha mai peso nelle dinastie del potere…In pratica è dentro di noi. Nessun uomo ne è digiuno ma ciascuno la contiene in qualche quantità seppure spesso riposta.

E tutte le parole hanno naturalmente un suono che può essere utilizzato dalla voce come un vero e proprio strumento musicale. Il suono e il significato della poesia ampliano a dismisura le nostre possibilità…

Un tempo tutte le poesie sorgevano in metrica e ciò dava loro ritmo.

Ora la metrica e pure la rima non sono più indispensabili. Possiamo comporre con versi liberi in qualsivoglia modo ci piaccia.

Ieri come oggi la riuscita è affidata agli equilibri che ottengo con le parole.

Il ritmo, che è solo una musica per coinvolgere e far danzare il corpo e sedurre la mente, non si è perduto. Il ritmo ora è spesso nascosto ma c'è.

Nei nostri risvolti poetici sviluppiamo concentrazione, armonia e intensità.

Il linguaggio deve sempre essere una sorpresa.

Lui guarda e vede tutto con occhi diversi.

Il poeta Jorge Luis Borges scrive in un suo prologo:"La prosa convive con il verso, forse per l'immaginazione entrambe sono eguali".

Ecco il punto cruciale. L'essenza e la chiave.

In una comunicazione efficace poesia e prosa variamente dosate coesistono.

E non sono e non devono essere mai linguaggi lontani o diversi.

Ricordalo...

11 L'indiretto

Un intervento forte, preciso, diretto, inequivocabile può produrre resistenza.

Posso non volere, non essere d'accordo, non prestarmi.

Posso viverlo come un'invasione, un'ingiustizia o un sopruso.

Posso accettarlo ma non condividerlo, posso subirlo e meditare una rivincita, posso fingere di accoglierlo ma non obbedirvi, posso infine ribellarmi ed entrare in conflitto.

E sia che subisca o meno il suo potere è implicito che il rapporto con il mio interlocutore non è affatto paritario. Lui impartisce quindi tende a prevaricarmi e mi suggerisce cosa devo fare o pensare...Forse io non posso scegliere...?

Io ho a disposizione una sola risposta un solo comportamento, il suo. Nient'altro. Certo per credergli devo amarlo o stimarlo molto...

Sono sicuro che nell'obbedire risparmierò energie e tempo ma non avrò un'opinione personale.

Mi basterà la sicurezza che deriva dal sapere chiaramente cosa fare o pensare?

Il linguaggio diretto non è realmente persuasivo.

Se trovi risposte dal mondo dell'indiretto tutto ciò che pensi è il risultato di una tua libera scelta.

Segui pure una traccia, uno spunto, un'opinione ma ricorda che io non sono che un'interpretazione...Pensami al massimo come un induttore...

Serve più tempo nel formarsi un libero convincimento ma l'effetto è profondo.

Se l'indiretto è un linguaggio autenticamente persuasivo perché ha molte risposte possibili, è anche un linguaggio libero, perché segue il tuo ritmo, i tuoi tempi, le tue inclinazioni.

Ti sei mai chiesto dove puoi trovare questo?

12 Un cielo stellato

Quali linguaggi possono formare una convinzione?
Quali parole possono destarci o cambiarci o annullarci?
Cosa desta lo stupore? Cosa genera l'incanto?

Un uomo di spalle guarda un cielo stellato.
Ogni persuasore percorre queste strade.

Un tempo persuadere valeva meno perché il potere era più legato all'imposizione e all'ordine senza commenti. Così il decidere vestiva i panni dell'autorità.

Oggi imporre non basta e non risolve più. E' la comunicazione migliore che si fa ricordare e occupa gli spazi più preziosi.

Oggi persuadere è irrinunciabile.

Ora molte stelle si accendono tra le strade di questi cieli. Sono brillanti, intermittenti, variegate, lontane e vicine, presenti e invisibili ai nostri occhi.

13 Stelle

Tra queste luci c'è il racconto di **storie** e soprattutto l'uso della **metafora**. Essa implica sempre un trasferimento di significato. Con lei le parole si arricchiscono di nuovi risvolti.

La metafora è il volo di una farfalla che si muove libera da un fiore all'altro.

E'un volo attraverso il passaggio a linguaggi paralleli: da quello comune a quello metaforico.

E' quindi un continuo trasformatore.

La metafora spiega, facilita la comprensione e riesce a semplificare e a far capire... ma con stile... Apre il pensiero a nuove visioni...

E' uno strumento indiretto di comunicazione che rispetta la libertà dell'interlocutore.

E' una storia che al suo interno contiene messaggi che alludono e stimolano l'evoluzione creativa.

Con l'uso metaforico si va oltre, si innesca, magari lentamente, un inesorabile oscuro cambiamento.Queste dinamiche attivano una ricerca inconscia associativa e concettuale che va oltre qualsiasi rigidità.

Qui si riduce lo spazio tra interno ed esterno.

Qui, nella considerazione di nuove idee svaniscono le resistenze.

Il suo contenuto ne nasconde almeno due, il primo superficiale e apparente, il secondo più profondo, implicito, nascosto e immerso nella storia.

Il persuasore che usa la metafora innesca cambiamenti che affiorano dall'inconscio e dall'emotività piuttosto che dalla razionalità.

Le metafore contemplano scenari possibili. A volte sono semplici, immediate, facilmente intuibili, altre volte più complesse, profonde, chiaroscure.

Nell'ottenere interesse e perseguire consenso il comunicatore adotta anche l'uso di **immagini**.
Le immagini hanno un forte potere evocativo, sono visivamente reali o mentalmente immaginate.
Inoltre si possono evocare e indurre.

Il persuasore Magritte rendeva il suo pensiero visibile attraverso immagini pittoriche inconsuete. Così otteneva l'effetto di stupire, di destare, di far riflettere.
E il suo dipingere misterioso creava nuove relazioni di significato nell'osservatore acuto o sensibile e spiazzava quello più superficiale.
Da entrambi era però in grado di farsi ricordare...

La mente concepisce attraverso il filtro della nostra personale rappresentazione nuovi mondi possibili non meno intensi e reali.
Una sola immagine, formata da semplici elementi reali, attiva il nostro processo elaborativo.

Oltre a storie, metafore e immagini anche **schemi linguistici** come parole e frasi seminate ad arte occupano un ruolo nella possibilità del persuadere. Dominano la scena diverse categorie di parole e di frasi chiave.
Vi sono parole penetranti , coinvolgenti, ampie, globali, emozionanti, dominanti, permissive, coinvolgenti…E attraverso un uso strategico del linguaggio si possono generare stati di coscienza, realtà alternative, convinzioni profonde con un filo di voce.

La parola non solo induce, ma fissa, approfondisce, determina, stabilizza, rovescia e si insinua attraverso la convinzione.

Tra le pieghe di un discorso qualsiasi o di una semplice conversazione può svilupparsi un campo di persuasione invisibile ma presente, silenzioso ma attivo e plasmato su noi stessi per divenire efficace.

Nuovi schemi comportamentali vengono indotti quindi senza la necessità della consapevolezza.

L'essere umano diviene consapevole solo quando esercita un'attenzione mirata, una conoscenza vissuta, solo quando nutre la sua sensibilità. Poche persone però coltivano realmente questo.

Per comprendere dovrai affrontare i temi della parvenza, del nascondimento e della negazione della realtà. Dovrai capire profondamente l'arte e la scienza di far credere e di costruire una percezione illusoria della realtà o impedire che si formi una visione globale delle cose.

C'è una psicologia del persuadere e del manipolare che abbraccia e incide sulla nostra vita irresistibilmente. In lei sono impressi i temi ricorrenti della dominazione, della possibilità, del potere e dell'interesse.

La sottile storia dell'influenzamento umano percorre questi cieli e così ogni suo navigatore.

Oggi raramente guardiamo il cielo stellato di una notte, solo luci artificiali illuminano e precedono lo sguardo orientandolo e precorrendo la strada…

14 La rivincita

Oggi non vediamo l'essere umano solo come una stabile massa solida ma lo intendiamo soprattutto come un sistema di risonanze in evoluzione.

Così anche il nostro cervello ha un'attività elettrica che forma vere e proprie frequenze.

Le onde cerebrali sono di diversi tipi e producono un'attività da 1 a 30 hertz.

E precisamente: Beta (14-30 hz). Prevedono le attività mentali più impegnative e iperattive. Per esempio, fare calcoli matematici, tenere un discorso o governare un macchinario. Comprendono insomma tutto ciò che impegna e stressa.

Alpha (9-13 hz) Qui siamo all'interno di attività che permettono un rilassamento vigile come ascoltare una lezione, della musica o qualcuno parlare.

Theta(4-8 hz) In quest'ambito siamo concentrati sui nostri processi interiori, siamo assorti, facciamo sogni ad occhi aperti, abbiamo lo sguardo perso nel vuoto, fantastichiamo.

Delta (1-3 hz) Sono le onde più lente quando c'è la più ridotta attività cerebrale. Sono le onde del sonno.

Non è un caso che i ritmi dell'apprendimento e del formarsi della convinzione e della credenza sono sempre ritmi lenti. In altre parole, apprendimento e persuasione avvengono quando siamo profondamente rilassati e a nostro agio in una situazione di piacere. Avvengono quando il cervello produce onde alfa e theta.

Quando ti hanno a lungo parlato di velocita, di produttività, di mobilità, ti hanno ingannato.

Volevano abituarti a non pensare. Qualcuno lo aveva gia fatto al tuo posto.

Volevano solo spingerti a obbedire e a impegnarti.

E ti hanno sempre chiesto di correre solo per i loro fini non per un bene comune.

Tali cose introducono la rivincita della lentezza, della calma e della quiete.

Ora inizia a prender forma la rivalsa dei lenti sui veloci, degli immobili sui frenetici.

Inaspettatamente scoprirai… che il capo dei lenti, quello che tu avevi sempre pensato un tardo, può essere invece un gran "figo".

15 L'imbuto

L'influenzamento umano ha l'immagine di un imbuto.

Pensa a un imbuto. Guardalo ora quando puoi.
La parte superiore è larga e accessibile, ampia e facile. Un liquido può entrarvi subito.
Più giù la sua forma tondeggiante si restringe un poco, piano piano.
Infine nella parte inferiore diviene uno stretto tubo sottile.

Ogni imbuto può quindi essere diviso in tre zone, in tre parti.
Tre.
Tre è la completezza. Tre è la perfezione che non abbisogna d'altro.
La numerologia pensa che i tre sono molto forti.
Nella superstizione, il giocatore d'azzardo che desidera miglior sorte deve compiere tre volte il giro del suo tavolo prima di ricominciare a giocare.
Anche Lewis Carroll dice :"Quello che dico tre volte è vero".
La tripletta, è uno schema linguistico efficace.

Allo stesso modo, anche nel nostro campo, ogni influenzamento per attuarsi, può essere diviso in tre fasi sempre successive e inevitabili.

16 Tre fasi

Uno.
La prima cosa è creare un rapporto con il mio interlocutore.
E' impossibile persuadere chi non c'è, chi non presta
attenzione, chi non è minimamente coinvolto, chi non si ferma.
Il primo passo è destare l'attenzione, fissarla, volgerla.
Il primo passo è sottrarre l'altro al mondo e rivolgerlo solo
a te. Cercherai il giusto tono e l'armonia nelle parole, uno stile,
un'immagine, una rottura di schemi per stupirlo, per destarlo.
Stai creando l'ambiente adatto, deve sentirsi a suo agio,
ascoltato e capito, deve poter essere in grado di cogliere e di
ricordarti. Se il suo corpo smette di correre e diviene via via
sempre più immobile, se si orienta verso di te, se prova interesse
manifesto o dissimulato, se si crea un particolare stato di realtà e
di coscienza in cui il tempo passa senza accorgersi; ci siamo.

Due
Ora che abbiamo la sua esclusiva attenzione, il suo
esclusivo interesse iniziamo a ridurre ogni resistenza e critica.
Bypassare la mente conscia è il nostro scopo. Non deve avere
nulla da eccepire sulle tue parole, sulla forma, su niente. Mentre
ascolta e parliamo deve sentirsi sempre meglio e a suo agio. Si
sta sviluppando tra noi una relazione esclusiva di crescente
fiducia e di crescente abbandono. L'interlcutore ha voglia di
lasciarsi andare. Si identifica nelle tue parole, compie proiezioni
su di te. E'come se pensasse. Io sono come lui o io vorrei essere
come lui. Inizia con verità ovvie, poi dai motivazioni e sviluppa
ragionamenti sempre più coinvolgenti.
Ogni resistenza viene aggirata e lo spirito critico si dissolve.

Tre

Ora approfondisci le argomentazioni. Sviluppale. Stimola l'inconscio. Penetra. Ora tutto è pronto perché il dialogo contenga dei comandi. Esprimili chiaramente. Le frasi sono messaggeri che portano a destinazione i comandi. In quel particolare e bellissimo stato di coscienza, il tuo interlocutore ti ha fatto il dono di farti entrare nel suo giardino più segreto. Ti ha concesso il suo abbandono. Abbi cura di lui, sempre nel miglior modo possibile. Lui ora eseguirà soddisfatto. E tale dono non dovrà mai essere tradito.

17 Il potere

I temi della persuasione sono indissolubilmente legati ai temi del potere, della dominanza e della volontà di potenza.

Il potere è possibilità diffusa.

Il potere, spesso non si manifesta apertamente, ma si occulta, muta lo stile.

Indossa abiti diversi. Mette i panni dell'autorità, del controllo, del prestigio, dell'ascendente.

Spesso il potere è silente. Addormentato.

Soprattutto il potere nelle sue espressioni più moderne non ha figure appariscenti, mediatiche e onnipresenti. C'è, opera, incide, ma si manifesta in modo celato, segreto, spesso impalpabile, troppo spesso volutamente nascosto.

Ogni re può subire i suoi sudditi, ogni presidente i suoi cittadini. Un dominio che non appare, che non si conosce, non corre rischi.

L'assoluta dominazione, il controllo totale, si sviluppano con tre materie fondamentali.

La legge.

In punta di diritto si modifica qualsiasi cosa e si pongono le basi per un duraturo controllo.

L'economia.

E in special modo al suo interno, attraverso la proprietà e l'uso della moneta, si delinea il contorno e gli spazi dell'esistere e della possibilità umana.

La psicologia.

Qui, agiamo sulla percezione e gestiamo attraverso un uso strategico della comunicazione, i destinatari del messaggio. Nel prenderci cura di questo terzo aspetto della dominazione ci garantiamo stabilità, continuità e controllo.

Noi cerchiamo luce in questo terzo braccio della dominazione. Cerchiamo i contorni e i confini dell'influenzamento. Noi, entriamo nella parvenza e nel significato, nel costruire la percezione di realtà apparenti, nel contrassegnarne il consenso, nell'agire durevole.

Nella sua forma più riuscita il potere riesce a far fare agli altri.
Riesce a dirigere e motivare il lavoro, a orientare i pensieri e i comportamenti.

Il potere è denso di parole smisurate, di idee inaudite, di fedeltà suicidarie. All'interno di questi domini è possibile elevare trionfi mediocri e contraffare principi.

All'interno del potere, nell'applicazione dei suoi tre bracci, diritto, economia e psicologia, è possibile svuotare parole alate in pratiche senza dignità.

All'interno di questa dimensione i sogni più coraggiosi e temibili vengono silenziati.

Per tali cose, l'idea che il dominio teme di più è quella di una soggettività evoluta che si organizza senza autorità. Tale aspirazione dell'uomo è insita in lui quindi difficilmente sopprimibile. L'anelito è sempre vivo nelle forme più svariate dei vari Prometeo, Spartacus o Masaniello del mito o della storia. O ancora, più semplicemente, nel silenzio tacito e scettico e dell'uomo comune.

Il dominio ha orrore dell'individualità che eccelle, che può riemergere all'improvviso magari sepolta tra le pieghe, sotto una montagna di burocrazia o dai suoi sprechi, dalle differenze o dai privilegi.

Nella persuasione e nella manipolazione, attuiamo due esercizi di potere attraverso la conoscenza e l'uso di quello che gli altri non vedono, non percepiscono e non intuiscono. Lo strumento è il linguaggio.

Non per caso Jung ci dice "Dove regna l'amore non c'è volontà di potenza, dove la volontà di potenza è grande, manca l'amore".

18 Il Cocktail

Certo sai cos'è un cocktail. Il cocktail è una bevanda ottenuta tramite una miscela proporzionata ed equilibrata di diversi ingredienti alcolici, non alcolici ed aromi.

La comunicazione efficace è un cocktail variamente composto.

Sono possibili moltissimi cocktail diversi perché il linguaggio non descrive ma genera mondi, crea mondi sempre nuovi, diversi, alternativi.

Irresistibilmente, il persuasore-manipolatore userà storie, metafore, immagini, schemi linguistici con una prosa originale e un'armonia poetica all'interno.

Sarà più efficace attraverso un uso del linguaggio ampio e indiretto in cui tu puoi trovare più risposte, generare soluzioni e produrre nuove relazioni di significato.

Questo processo dinamico agirà dentro di te con la stessa facilità con cui passa un liquido attraverso un imbuto.

Un abile barman crea molti cocktail che soddisfano il tuo gusto.

19 La trappola dell'Ethos

Un elemento semplice e secolare di persuasione-manipolazione è quello che Aristotele definiva Ethos.

L'Ethos è il ruolo, magari istituzionale, è il prestigio dell'interlocutore, è la sua fama conclamata.

L'Ethos è una trappola antica ma elementare.

Funziona quasi sempre.

Gli uomini hanno sviluppato da sempre dipendenza nei suoi confronti. Sono drogati e abbagliati dall'autorità. L'uomo è bloccato, paralizzato, impacciato dinanzi al ruolo. Perde persino lucidità e pensiero. L'uomo si identifica e si proietta nell'Ethos.

Il ruolo viene quindi opportunamente mostrato, ampliato, ostentato, a volte costruito a misura, oppure inventato. Nell'Ethos aristotelico la figura che rappresenta mostra e afferma implicite verità.

A tutto ciò sfugge il fattore essenziale che fuoriesce da ogni pensiero. Il significato . E' il significato che va visto, capito ed interpretato. Il ruolo è un cappello, una maschera, un'impronta, una temibile suggestione che orienta. In nome dell'Ethos si possono fare cose assurde, strampalate, abnormi.

Il persuasore-manipolatore pone sempre il suo status davanti. Se ha uno stile più elegante ed è un uomo più sottile può non farvi riferimento esplicito, ma sa che non deve e non gli conviene rinunciarvi. Quindi ogni Aristotele orienterà facilmente interlocutori che soffrono di una profonda disistima e mancano di una sottile visione. Ogni Aristotele otterrà veloci risultati ma possibili grandi danni comuni.

Per distinguere chi mi persuade con arte strategica e chi mi manipola con astuzia, mi dovrò sempre chiedere, in ogni circostanza, quanta parte vi è di Ethos e quanto significato c'è in ogni cosa.

Lo strumento fondamentale per vedere oltre, è **l'analisi delle implicazioni**. Cosa implica questo discorso? Che tipo di conseguenze o di prospettive mi apre?

L'analisi delle implicazioni va sempre oltre. Oltrepassa il sembrare, e mi aiuta a separare speranza e illusoria speranza.

L'uomo che parla cela nell'espressione del suo corpo piccoli indizi e grandi prove che voglio osservare. L'attore più consumato cela in modo imperfetto, i frammenti delle sue intenzioni.

Saper osservare è una delle abilità più acute dell'uomo che cerca.

L'elementare e antico veleno del ruolo minaccia la mia vita. Il suo uso abnorme in ogni contesto umano è già più di un sospetto....

Lo guarderai....?

20 Alfieri contrari

Sulle sessantaquattro caselle della scacchiera i due alfieri della persuasione e della manipolazione sono pezzi identici ma indissolubilmente contrari.

Gli alfieri s'incrociano sulle case bianche e nere senza fermarsi mai. I due tipi d'uomo si odiano e si confondono.

Sono ugualmente abili nell'esercizio di visioni opposte.

Il persuasore esercita la sua arte-scienza in modo strategico ma rispetta la persona.

Si pone obiettivi ma li persegue in modo etico. E' nei valori segreti, occulti e più profondi che divergono gli uomini.
L'interessante è capirne l'interiorità...

Forse aveva ragione Sant'Agostino quando diceva "In interiore homine habitat veritas".("La verità sta nell'interiorità dell'uomo")

Segni di verità emergono dai comportamenti e dalle implicazioni come riflessi di raggi di sole sull'acqua. Non solo nell'esercizio delle tecniche cogliamo diversità, ma nei pensieri e nella visione dell'uomo dei due opposti.

Quale e quanto spazio oggi spetta all'uno e occupa l'altro?
Cosa svela un'osservazione acuta della realtà apparente..?
Il persuasore si muove ormai in spazi ridottissimi.
Quasi tutto è invaso da pura, malcelata manipolazione.

Il manipolatore è interessato al solo risultato personale, perché non possiede un'idea di bene comune.

E soprattutto, gioca sempre con carte truccate.

21 Dignità e Verità

Oggi la ricerca della verità in fondo non è considerata davvero importante. Siamo relativisti e tendiamo a credere a molte verità a seconda del punto di vista da cui guardiamo.

Gli antichi greci avevano una convinzione diversa.
"La natura delle cose ama celarsi" affermava Eraclito.
Quindi, la ricerca della verità non è un'acquisizione di conoscenze graduali e progressive lungo una scala continua.
Ciò induce solo a restare nei limiti della contemplazione o della speculazione logica e intellettuale.

Al possesso della verità serve un salto di livello.
È uno scoperchiamento, uno svelamento, uno squarcio anche violento, uno smascheramento senza compromessi.
Occorre volerla a qualsiasi costo e cercarla senza paura delle implicazioni. Ma c'è una sola verità.
Una sola.

Con questo spirito ritrovato, ai nostri giorni, il giurista Auriti afferma :"La dignità gratuita non esiste".

22 La zona d'ombra

Attraversato il ponte dei nostri processi mentali e delle nostre rappresentazioni, siamo degli incessanti costruttori di realtà.

Vivifichiamo intere realtà personali, scientifiche, ideologiche e sociali.

Dopo averle presupposte, le consideriamo reali.

Infine, riusciamo a subire la realtà che abbiamo costruito.

Nel campo dell'influenzamento sfuma la ricerca della verità, diminuisce l'importanza della socializzazione e dell'interazione. Ora conta soprattutto la percezione.

La nostra realtà di prim'ordine, quella più importante e considerata, è la realtà percepita.

Noi siamo un bersaglio e l'esito di uno sforzo. Il fuoco che ci raggiunge è rivolto a come percepiremo le cose.

I significati e i valori sono nella sostanza sempre più realtà di second'ordine. Vengono usati, sbandierati, ricordati per ottenere semplicemente un tranquillo adattamento alla realtà.

La zona d'ombra è un'area grigia, siamo al confine. Qui le pratiche sono sfumate ed è sempre più difficile orientarci, capire realmente dove siamo.

Tra le sabbie del deserto, pochi decenni fa, viene ritrovato un testo apocrifo. Il vangelo di Giuda. La sua versione inaudita delle cose, rovescia il modo in cui noi abbiamo sempre concepito la realtà.

Giuda non è un traditore, ma il discepolo più fidato di Gesù. Colui che lo comprende meglio e più degli altri. Gesù è stanco della vita terrena, vuole liberarsi della sua corporeità e tornare alle dimore celesti. Giuda lo aiuta, ma sa che dovrà tradirlo e consegnarlo alle autorità per essere ucciso. Giuda sceglie di essere scacciato e rifiutato con abominio dagli uomini in ogni tempo.

Gesù, vede in lui l'uomo che ha più di ogni altro discepolo una scintilla divina...

E gli si rapporta sempre in modo preferenziale. "Tu sarai maggiore tra loro. Poiché sacrificherai l'uomo che mi riveste".

E nell'istruirlo in segreto gli dedica, invitandolo ad osservare il cielo, una sorta di poesia d'amore. "La stella che indica la via, è la tua stella."

E Giuda lo tradirà per amore...

Nella zona d'ombra tra il persuadere ed il manipolare si trova la psicoterapia. Una disciplina senza potere e fruibile da pochi, tuttavia importante senza contare.

La psicoterapia vuole, attraverso la strategia, generare cambiamenti e ottenere benessere.

Quest'arte-scienza umana in tutte le sue forme, in tutti i suoi territori, in tutte le sue pratiche e modalità si basa irresistibilmente sull'attivazione di processi di implicita o esplicita persuasione.

Qualsiasi sia lo stile, il metodo, i riferimenti che adotta il terapeuta non può evitare di essere nient'altro che un persuasore. Lo sarà a seconda dei suoi valori, della sua formazione e del suo agire deontologico in modo consapevole o inconsapevole.

In tali territori si parla di ingiunzioni paradossali, di compiti apparentemente assurdi da svolgere. Qui dimorano veri e propri "benefici imbrogli" che sono insieme manipolazioni leali.

L'ossimoro dei benefici imbrogli si trasferisce dal linguaggio ai comportamenti, alle strategie in cui uno si prende cura dell'altro ingannandolo. E l'altro ritrova sé stesso.

In ogni campo vi sono immense zone d'ombra.

23 Denominazioni suggestive

Il punto d'inizio della manipolazione è la denominazione suggestiva.

Qui siamo oltre la porta , oltre la zona grigia, oltre il confine.

Ne siamo invasi.

Nessuno, naturalmente, ha nulla da eccepire.

Per capirla faccio un esempio da scolaretto.

A cosa ti fa pensare Banca d'Italia? Semplice mi dirai, alla banca dell'Italia, alla banca dello stato. Certo, giusto, ma le cose non stanno così... Eppure la denominazione è inequivocabile.

Ancora qualche esempio. Ne faccio tre dolorosi , spero mi perdonerai, ma desidero tu abbia oltremodo tutto chiaro.

Io muoio. Posso farmi cremare. In pratica mi bruciano e mettono quello che rimane del mio corpo in un contenitore. Il termine cremazione è suggestivo. Di me resta polvere o cenere non crema. Tuttavia, per sostenere gli affari, mi danno un'ultima carezza...

Abbiamo una montagna di rifiuti da smaltire. Ci pensa l'inceneritore. Tuttavia, come sai, l'operazione comporta problemi... e allora nell'ultima sua generazione l'inceneritore diviene un termovalorizzatore.

Qui, la parola creatrice genera il concetto di incenerire per produrre energia e valorizzare.

Cremare, incenerire, termovalorizzare. Splendido! Almeno dal punto di vista linguistico.

L'operazione di designare le cose in termini suggestivi è semplice e potente. Le cose appaiono chiare e naturali.

L'ovvietà impone la percezione desiderata.
La denominazione agisce sulla percezione.

Come sai, le persone difficilmente hanno la possibilità di acquisire e di capire tutte le informazioni necessarie e spesso non hanno le conoscenze per valutarne le implicazioni...

Il risultato è semplice. Dimensioni fortissimamente alterate create ad arte.

Basta poco...

24 Schemi linguistici

L'immensità delle parole incide la mente degli uomini.

Il linguaggio non è neutro ma è capace di ogni impresa.

Il linguaggio è uno strumento a cui tu darai senso e direzione a seconda di chi sei.

Le parole diventano importanti se efficaci, armoniose e organizzate in schemi.

Il linguaggio degli schemi linguistici scompone e riassembla le parole ad arte secondo una precisa strategia.

Gli schemi linguistici premiano l'artefice più creativo, perché nella loro organizzazione danno spazio alla fantasia, alla creatività, all'immaginazione e allo stile.

La parola irresistibile presuppone fiducia e sicurezza in sé stessa.

La parola irresistibile afferma ed è convinta che la componente verbale del linguaggio è decisiva ai fini del risultato.

Se la parola determina il risultato, non dovrà essere una parola inutile e vana ma una parola profondamente meditata e preparata.

La parola irresistibile ha l'effetto conclamato di sbaragliare anche brevemente.

Sempre, alla parola inutile e non decisiva sarà preferibile il silenzio.

25 Immergersi

La forma più semplice di suggestione e influenzamento è il truismo.

Il truismo è una verità ovvia.

Sai bene come sederti in modo comodo su una sedia.
Presto o tardi tutto ti sarà chiaro.
Sono venuto, ho visto la situazione e ho risolto.

E' qualcosa che avviene o che si può osservare. Il truismo è l'ovvietà che non attiva alcun tipo di ragionamento.

Tutti nella vita dobbiamo provare ad essere felici, leggere cose interessanti e partecipare solo volentieri.
Bisogna esserci quando occorre.

Ora immergiti con me nell'acqua. Puoi fare ciò che vuoi… Nuotare, osservare, sederti o semplicemente ascoltare il rumore delle onde. Intanto, fammi una serie di domande prima semplicissime a cui sai che io non potrò fare a meno di risponderti si. E poi un'altra serie di domande a cui non potrò che risponderti no.

Nel fare questo non hai perso tempo. Mi hai immerso in un campo affermativo o negativo. Creare un campo predispone e presuppone a un atteggiamento ricettivo o negativo e allarga progressivamente questi confini.

Opera inizialmente con almeno tre o cinque truismi con affermazioni vere o non confutabili.

Se lo fai in modo brillante il tuo interlocutore sarà predisposto a seguire le tue indicazioni senza troppe domande, le sue difese sono attenuate.

Allo stesso modo quando sospetti di essere manipolato o subire pressioni resisti ai truismi con un campo negativo. Sii strategicamente disattento, distogliendo leggermente lo sguardo un pò svagato, fai qualche cenno di negazione. Influirà sull'eloquio del tuo interlocutore. E tranquillamente intercala con la massima dolcezza e fermezza ogni poche frasi o quando sta a te parlare:"No, non è cosi. No, non è così. No, è diverso. No è proprio diverso. No, no, proprio non è cosi." Scegli a piacere.

Il castello del tuo interlocutore diverrà di sabbia e tacerà rassegnato.

Quanto ti sarà utile utilizzare questi schemi nei tuoi campi? Quante applicazione troverai nell'allargare o restringere i confini nel presupporre o nello sbarrare definitivamente…? Inizia pure.

26 Visione e comando

Moltissimi sono irresistibilmente attratti dall'esercizio del comando.

Comandare ed essere ubbiditi è un punto d'arrivo desiderato.

Oggi, nelle organizzazioni più moderne e influenti il comando è mutato. Intanto chi lo detiene realmente è raro.

Il comando antico ostentava e presenziava mostrandosi.

Ora il comando decisivo è sommerso. Incide profondissimamente senza apparire. E' celato, determina senza responsabilità.

Si serve di figure apparenti e di apparente responsabilità per interfacciarsi.

Svuotati di poteri reali questi profili sono ingranaggi tra gli ingranaggi. Cosi un "manager"(spesso denominazione suggestiva) impegnato in una "ristrutturazione aziendale" (denominazione suggestiva) non di rado mette tranquillamente tutti a casa ignaro del fatto che poi verrà sacrificato a sua volta.

Cosa manca ai più?

Cos'è che non a caso pochissimi devono possedere?

Manca per scelta una reale visione globale che permette di comprendere e governare i processi in atto.

Tutto è già predisposto e scientemente sviluppato fin dalla scuola, parcellizzata in professionale, tecnica, scientifica e umanistica. Formazioni ad hoc impediscono e predeterminano.

I pretesti sono quelli dell'attitudine, dell'idiosincrasia individuale, della richiesta, del mercato. La ragione della forma mentis precorre il destino...

Sai chi ha veramente una visione completa? Il giocatore di scacchi. Il professionista.

Lui sa che nel suo mondo vincerà il più forte.

Riuscirà per un dettaglio, per un analisi che si è spinta più lontano, fino al punto giusto per comprendere.

Sa che qui non vi sono carte truccate e gli eroi sono tutti veri.

Sa in ogni momento se la posizione gli è favorevole o avversa.

Sa se ha la possibilità di offendere, resistere o se può già arrendersi.

Lui controlla gli equilibri e la sorte.

Lo accompagnano piani continui che lo fanno sperare o lo annullano.

Lui cerca la verità negli scacchi contemplandoli, sa che chi si avvicinerà più a lei avrà la partita.

Il potere del comando, utilizza sempre molta propaganda e filtri mediatici.

E ancora infusi ed infusioni, parlare di meritocrazia, di speranza, di rigore, di partecipazione, sventolare bandiere. Da fuoco alle polveri della grancassa che suona e tiene tranquilli.

La cerchia reale di quelli che potranno è ristrettissima per scuole, formazioni, ambienti designati.

L'eccezione poi confermerà la regola e ridarà fiato ai ritornelli.

Le leve del comando per trasformare, gestire e costringere sono anche quelle della paura, della mancanza, dell'emergenza, dello stato di necessità.

Qui tutto è possibile, giustificabile, doveroso e dolorosamente accettabile.

Qui il vantaggio è la possibilità di far accadere le cose velocemente.

Non sempre il comando si esprime con meccanismi rozzi e basati sulla forza violenta. A volte diviene sofisticato.

Eliminare o confinare a Sant'Elena può comportare problemi.

Qui occorre emarginare in presenza. Il gioco dell'alienità prescrive realtà invisibili.

La parte debole affonderà dentro se stessa.

Irresistibilmente.

27 La tripletta

La tripletta non è solo un'impresa dell'Inter, una bicicletta a tre posti, un giornale sportivo.

C'è molto di più.

Per generare una tripletta ricorda semplicemente questo.

Esprimi il compito in modo chiaro e semplice.

Ripeti il comando almeno tre volte.

Per ottenere risultati nelle cose che ti interessano fai esercizio.

Per raggiungere l'eccellenza nei passaggi cruciali fai esercizio.

Per farti ricordare sempre con interesse e favore fai esercizio.

La tripletta è applicabile in qualsiasi discorso di ogni ambito. E'elegante, armoniosa, potente.

Stimola l'inconscio per ottenere emozioni, comportamenti o nuovi pensieri.

Parti da triplette semplici e schematiche, poi amplia il discorso.

28 Dolore e manipolazione

Il tema della manipolazione è intrecciato al tema del dolore di cui è un generatore.

La sottile violenza dell'azione manipolativa lascia sempre strascichi e ferite aperte.

Essa, poiché non si cura di avere un etica, ignora il dolore che provoca, non se ne occupa o gli è indifferente.

Opposta pure alla verità, la cela e la occulta mistificandola o tacendola.

Se costretta al massimo finge comprensione citando stati di necessità, giustificazioni o argomenti a suo favore. Essere colpiti dal dolore è inevitabile nel corso della vita.

Tutto può attivarlo a partire da piccole cose. Può essere duraturo e profondo fino a divenire irrimediabile.

Quindi, le persone hanno una diversa tolleranza anche al trauma. Ciò che per me può essere durissimo e traumatico per un altro è sopportabile o irrilevante.

La risposta al dolore altrui è anche altamente soggettiva. Se incontro una persona che ha fame, posso esserne altamente turbato e fare del mio meglio perché mangi immediatamente, o disinteressarmene.

In linea di principio dove il potere ha una effettiva comprensione del dolore può intervenire, dove non lo riguarda , non lo interessa o è contrario alle sue istanze, dissimula o finge o promette vanamente interventi che non farà.

Il dolore vissuto e affrontato è però anche uno strumento di trasformazione e di rigenerazione.

Dal nostro dolore possiamo apprendere, cambiare, ci possono venire idee e ispirazioni.

Il dolore è sempre gravido.

29 Affermare negando

La preterizione è un miracolo, uno spazio creativo inarrestabile e incensurabile. E'una splendida libera finzione senza responsabilità. Permette di affermare e negare contemporaneamente.

Qui posso non voler dire nulla su qualcosa dicendolo.

Qui nego linguisticamente pensieri, comandi o ipotesi visibili.

E non vi sto mica dicendo che i linguaggi tecnici servono sempre, solo e soprattutto a confondere a non farti capire e a permettere a pochi di imporre i propri interessi ai danni di molti.

Non voglio dire che chi manda una cartella esattoriale a una persona che vorrebbe pagare ma non è in condizione di farlo e si uccide per disperazione, vergogna o dolore, è responsabile perché l'ha istigata al suicidio attraverso progressive azioni a cui sapeva già che verosimilmente non avrebbe potuto rispondere.

E non ricorderò più di tanto che anche gli antichi romani, ritenevano in proposito "Ad impossibilia nemo tenetur". ("Nessuno è tenuto all'impossibile").

E non voglio nemmeno pensare che mandatari e mandanti sono pienamente responsabili, almeno a livello di coscienza, anche se fingono, tacciono, si dispiacciono o si riparano all'ombra delle leggi.

Non sto mica affermando che tantissimi dirigenti soffrono di alessitimia e causa la loro patologia non rispettano il valore e la dignità delle persone.

E non dico affatto, evidentemente, che in certe situazioni delicate l'uomo buono e sensibile, quello che si preoccupa anche per il proprio prossimo e non serve pedestremente, andrebbe non dico eliminato, ma almeno rimosso da certe posizioni rispetto a cui intralcia.

Non è necessario e non voglio proprio ricordare che avere determinate qualità umane oggi ostacola l'assolvimento di compiti importanti e delicati.

E non dirò affatto che queste pseudo qualità che non valgono oggi andrebbero almeno circoscritte a campi innocui o di contorno.

Eccellenza! Non dico mica che la legge non è affatto uguale per tutti.

E non dico nemmeno che cercare la verità non importa nulla a nessuno perché sono tutti collusi a vari livelli, quindi meglio lasciar perdere.

E infine, non c'è davvero bisogno che ti ricordi che come cittadino non devi stare sempre zitto e subire, non puoi mica comportarti come un suddito o uno schiavo.

Non ti deve nemmeno per un istante balenare nei pensieri che noi si voglia questo, ed è inutile sottolineare che non sei tenuto a delegare sempre alle autorità. Partecipa pure e fai sentire la tua voce.

E' sciocco e inutile anche immaginare che non terremo sempre in debito conto i tuoi interessi, dato che ti rappresentiamo.

La preterizione sfugge alla responsabilità e alla censura.

E' uno splendido giullare, un clown pazzo e ingannevole che parla di ciò che vuole mentre afferma e nega insieme.

La preterizione è uno schema linguistico che da rilevanza agli elementi che sostiene di voler omettere.

30 Nel dubbio

Una strategia utile, a volte è quella del dubbio e del generare incertezza.

Quando sono impossibilitato a distruggere convinzioni radicate, inizio a minarle progressivamente.

E' quasi un favorire il cambiamento in modo più delicato.

Sei proprio sicuro che non ci vogliano semplicemente manipolare?

Sei assolutamente certo che questa strada ci porterà alla meta?

Pensi di essere sicuro di aver proprio capito bene?

Le cose potrebbero essere diverse da come sembrano o da come ci vogliono far credere…Non credi ?

Si, quello che dici è vero ma era soprattutto vero un tempo.

Si è cosi, ma solo su questo punto non pensi che dobbiamo pensarci bene?

Si d'accordo, ma limitatamente a questo capello io non ci giurerei. Che dici?

Le mezze verità non sono verità. O si?

Si, ma non senti che manca qualcosa, cosa potrebbe essere …? Cosa ti suggerisce il tuo intuito?

Per scrupolo da dove mi consiglieresti di ricontrollare e cosa ti convince di meno di tutto ciò?

Si lui e ok ma l'altro forse non del tutto.

Le vie del dubbio sono infinite, in fondo non siamo mai certi di nulla e forse non per caso…

31Catene

Queste pagine sono scritte per te che vuoi capire la differenza tra forma e sostanza e vuoi cogliere perfettamente ogni forma e poterla variare a piacimento.

Come sai, tutto ciò è importante non solo se svolgi una professione o un ruolo in cui la parola è strategica, ma più in generale per vivere consapevolmente ciò che accade.

Le parole che ho scritto per te faranno la differenza.
Una volta comprese crea in modo prima semplice poi più complesso.
Sorgeranno in breve irresistibilmente nei tuoi discorsi e la tua comunicazione sarà sempre più efficace.
Chi non è interessato a questo rischia semplicemente di subire gli eventi senza aver la possibilità almeno di comprenderli.
Un suddito al massimo può sperare in un padrone saggio...

Un tempo gli antichi schiavi vivevano in catene, ma poiché non avevano nulla non erano motivati a nulla quindi non erano grandi lavoratori e ne occorrevano tanti per fare le cose.
Tu oggi corri, ti impegni, lotti e spesso sei stremato...
Pensi che le catene sono state spezzate?

Le mie, le tue, le nostre invisibili catene che non fanno rumore , che non segnano mani e polsi ma che impediscono di correre e vietano di volare.
Catene d'abitudini consolidate, di morali acquisite, di giudizi preconfezionati, di passi segnati, di movimenti illusori, di sviluppi apparenti.

Catene per controllare, per frenare, per dirigere, per orientare, per omologare, per giudicare.

Meravigliose, straordinarie, invisibili catene di quoticiana violenza segreta.

Leggera, apparente, accettabile giustificabile, dolorosa, intima violenza.

32 Confusione

Creare confusione e subito dopo offrire una soluzione o fare una richiesta, è una strategia praticata.

L'emergenza, la paura, lo stato di necessità, la sicurezza, la tensione, lo smarrimento, la sorpresa sono utili alimentatori che aiutano la confusione e rendono impellente l'azione veloce e risolutiva.

Ora concentrati e considera, finalmente, tutto ciò che non stai pensando adesso.

E non sbagliare sempre per credere di sapere che sai, non riflettere se puoi sapere di sbagliare, ma sbaglia senza accusare te stesso per gli altri . Ti faccio vedere cosa fare.

Vedo che ti orienti senza una chiara luce interiore accesa mentre girandoti scopri di non credere che ci stanno spiando. Guarda al di sopra.

Confondiamo per mezzo di sovraccarichi.
Se aumenti la velocità del tuo eloquio all'improvviso complichi il discorso rendendolo inafferrabile.
Se devi gestire troppe informazioni in ingresso puoi perdere il filo. Quindi, la confusione opera attraverso sovraccarichi dati dalla complessità o dalla velocità.

Spesso si accompagna alla destrezza e all'azione. Altre volte al silenzio e al raggiro.

In questi momenti sei vulnerabile…

33 Il dialogo diretto

Il dialogo diretto è un pretesto. E' il pretesto di un racconto, un'immagine, un dialogo che ha per oggetto in apparenza altri ma in realtà è rivolto a noi.

Pensa a un comando. Schematizzalo in poche chiare parole. Ora inseriscilo in un racconto o in un dialogo dove si parla di qualcuno.

Si parla d'altro per parlare di te.

.

"Sai Paola, stavo pensando a una confidenza inaspettata di un conoscente. L'uomo della porta accanto, un mio vicino insomma. E' un tipo sorprendente, forse anche geniale, ma frenetico e indaffarato. Sempre troppo in troppe cose. Lo vedo di sfuggita, costantemente correre. Penso provi simpatia per me. L'altro giorno mi ha detto all'improvviso incrociandomi:Ti posso confidare una cosa…? Sono preoccupato per mia moglie, la sto perdendo. Ed era molto triste. Allora l'ho guardato negli occhi e gli ho sussurrato lentamente. Achille devi fermarti. Devi fermarti ora. Fermati, non c'è più tempo".

Il dialogo diretto è un influenzamento indiretto che si mantiene sempre molto al largo e non fa mai alcun riferimento al bersaglio a cui è mirato. Sembra cadere dal cielo.

Spesso è puramente inventato ma è anche finemente preparato.

34 Campi immensi

Gli schemi linguistici variano la mente. La orientano la cambiano, incidono silenziosi.

La loro conoscenza evolve il linguaggio.

La loro applicabilità è ovunque.

Puoi iniziare a provarli e a estenderli chiunque tu sia e qualsiasi cosa tu faccia.

Soprattutto provali e osserva, creali e guardali.

Man mano che procedi né sorgeranno spontaneamente dei nuovi sempre più interessanti.

E tra poco avrai chiaro che, campi immensi generano raccolti immensi e immense possibilità.

Allora vai oltre.

35 E tu chi sei?

Noi siamo degli inesauribili generatori di pensieri. Anche sforzandoci, non riusciamo ad arrestarne il flusso. Malgrado qualsiasi volontà si continuano ad affacciare.

La qualità, e il tipo delle nostre relazioni dipende dalla qualità del nostro dialogo interiore.

Dentro noi stessi, sappiamo in ogni momento se stiamo agendo in modo etico oppure no. Ciò dipende, al di là delle apparenze, dai nostri reali profondi valori, dal nostro sacro io più riposto.

La certezza è rivelata da precise sensazioni di pienezza, benessere e fiducia. Sensazioni opposte ci parlano della fretta, del non essere realmente presenti, dell'abuso e della violenza celata.

Pure il corpo ci riconosce istantaneamente attraverso calore e freddezza, distensione o tensione.

Le domande che fanno bene aprono ed espandono, quelle che fanno male contraggono. Provengono dalla consapevolezza sommersa con la forza dell'essere.

Da tutto ciò fuoriesce chi sei... E inizi a scoprire le ragioni del tuo persuadere o del tuo manipolare e delle sue forme intrecciate.

E tu chi sei realmente..?

36 Catturare

Per iniziare a ottenere attenzione e veicolare il consenso si usano dei catturatori. Sono semplici domande o espressioni linguistiche precedenti il discorso che attivano l'attenzione dell'interlocutore.

Vorrei chiederti una cosa
Posso dirti una cosa?
Ho una domanda importante.
Posso farti una domanda?
Stavo pensando…
Ti posso confidare una cosa riservata?
Posso dirti una cosa personale?
L'aspetto davvero interessante…
La parte davvero significativa…
Detto fra noi, riservatamente…

I catturatori richiamano l'attenzione dell'interlocutore, la focalizzano.

Iniziano la nostra induzione persuasiva. Preparano al dopo e sono predisponenti.

Esprimili lentamente e l'attenzione si poserà su di te e le persone inizieranno a seguirti.

I catturatori non sono cruenti, ma lievi nell'orientare. Sottendono una punta di mistero.

Anche rallentare e fare pause durante l'eloquio ovviamente cattura.

37 Di passaggio

Ricorda...
    Prima, cogli l'attenzione.
    Poi, oltrepassa le resistenze e la critica della mente conscia.
    Infine, stimola l'inconscio approfondendo il messaggio e dai ordini.

Se ogni fase sarà soddisfatta l'interlocutore eseguirà o interiorizzerà e sarà soddisfatto.

38 Comandi nascosti

C'è un mondo di comandi incastrati nel dialogo comune.

Sono semplici da capire.
Facili da usare.
Difficili da scoprire.
Metti sempre in evidenza il comando con una pausa prima e dopo.
Rendilo diverso dal resto della frase.
Accentualo con il tono della voce. La persona seguirà inconsciamente.

Le frasi del tuo dialogo sono messaggeri che portano a destinazione i comandi. Quindi, scegli l'obiettivo chiaramente. Esprimilo in una frase di quattro parole al massimo.Stimola l'azione, la sensazione , la consapevolezza. Inserisci tutto in un discorso enfatizzandone i comandi.

Ricorda che parlo di comandi nascosti, incastrati in un discorso, sempre in senso ampio. Quindi puoi incastrare anche domande, riflessioni, opinioni o tutto ciò che vuoi che resti e operi.

Hai in te tutte le possibilità del linguaggio che crea e trasforma.

Puoi generare.

39 Risveglio

Tra poco tornerai dal tuo assorbimento, dalla tua concentrazione, dal tuo profondo riflettere.
Grazie di avermelo regalato.

Ritornerai alla dimensione del tuo comune quotidiano. Stai già affiorando e lo senti...
Torna sempre più...

E quando sarai arrivato un lieto sorriso uscirà dal tuo volto.

E avrai la chiara , consapevole certezza di essere piacevolmente cambiato, nella tua interiorità, nelle tue possibilità ... attraverso tutto quello che hai appreso in questo viaggio immobile.

Ora svegliati.

Cambia la realtà.

ESERCITAZIONI

Posso chiederti una cosa importante? Ti sei già chiesto come e dove userai il tuo nuovo sapere? Per realizzare queste tue potenzialità e ottenere visibili benefici, segui questa traccia. Svilupperai irresistibilmente abilità dalla conoscenza. E dopo questa serie di passi, giungerai ad essere molto, molto competente in materia.

Cammina subito...

PASSO 1

La prima cosa è catturare l'attenzione.(Cfr. capitolo 36) Io ti ho indicato dieci catturatori, ma ne esistono moltissimi altri.

● Creane di nuovi.
● Dopo averli assolutamente scritti, applicali.
● Fai molte prove con chi vuoi.
● Vedi quali funzionano meglio per te.

PASSO 2

Un assunto è che il linguaggio verbale risulta decisivo nella comunicazione efficace. Non per questo rinuncerai a sviluppare le tue capacità di osservazione non verbali.

Questa abilità ti permetterà in qualsiasi istante di capire come stanno andando le cose nella tua comunicazione.

Il linguaggio del corpo è inevitabile. Il corpo non sa fingere come le parole. Lo utilizzeremo per cogliere noi stessi e gli altri.

L'espressione corporea esprime i nostri moti interiori e ci da continue informazioni determinanti.

●Ricorda di non adottare mai una visione meccanica nelle tue osservazioni ma sempre una contestuale e riferita all'individualità delle persone.

In linea generale, il corpo oscilla con gradualità da un polo di tensione ad uno di distensione.

●Osserva sempre anche la distanza e lo spazio tra i corpi durante un'interazione. La vicinanza conduce al piacere, il distanziamento alla lontananza e al distacco. Cogli il movimento. Fai esercizio.

●Ora leggi semplicemente e lentamente questa descrizione di comportamenti che esprimono piacere, accettazione, gradimento, distensione, disponibilità, autoconsolazione, autogratificazione.

☺ Leccarsi le labbra.
☺ Passarsi la lingua sulle labbra.
☺ Orientare il piede verso chi desta maggior interesse.
☺ Togliersi il soprabito o la giacca.
☺ Togliere barriere (oggetti davanti).
☺ Fare sporgere appena la lingua dalle labbra.
☺ Mordere il labbro inferiore con la fronte distesa.
☺ Portare le labbra all'interno.
☺ Tenere un dito appoggiato sulle labbra.
☺ Mordere un angolo della stanghetta degli occhiali.
☺ Toccarsi il lobo dell'orecchio.
☺ Passarsi una mano tra i capelli.
☺ Giocare con l'anello.
☺ Giocherellare con la collana.
☺ Portare il busto in avanti.
☺ Portare il busto avanti e appoggiarsi sulle gambe.
☺ Tenere il mento appoggiato sul palmo della mano.
☺ Sospendere un'azione in corso.
☺ Accavallare le gambe in direzione dell'interlocutore.

☺ Fare dei passi verso l'altro.
☺ Dilatare le pupille.
☺ Annuire.
☺ Annuire prima che l'interlocutore abbia completato la frase.
☺ Togliere un pelo di dosso all'altro.
☺ Aggiustare a un altro il colletto.
☺ Giocherellare con qualcosa.
☺ Perdere il senso del tempo.
☺ Rispecchiamento di posture.
☺ Comportamento speculare.
☺ Sincronia
☺ Mettere le mani sotto le cosce.
☺ Tenere il pollice all'interno del pugno chiuso.
☺ Abbracciare se stessi.
☺ Accarezzarsi.
☺ Stringere un oggetto.
☺ Afferrare una mano con l'altra.
☺ Incrociare le dite.
☺ Annodare i capelli su un dito.

●Ora leggi ancora lentamente i comportamenti che esprimono tensione, scarico, ansia, chiusura, rifiuto, sfida e noia.
● Mordersi il labbro inferiore.
● Giocherellare o pizzicarsi le sopracciglia.
● Deglutire.
● Braccia conserte che formano una specie di barriera.
● Raschiarsi la gola.
● Sbadigliare.
● Sorriso nervoso o finto.
● Distogliere lo sguardo.
● Afferrare un lembo della cravatta.
● Infilare un dito nel colletto della camicia o della maglia.
● Scostare dal collo una collana.
● Stringere la pelle tra le dita e tirarla.

- Afferrare il collo e massaggiarlo.
- Tirarsi il labbro.
- Pizzicarsi o torcersi la pelle.
- Sfarfallio delle palpebre.
- Aumento della frequenza di ammiccamento delle palpebre.
- Stringersi il nodo della cravatta.
- Mordersi le unghie.
- Grattarsi la nuca.
- Arrossire o impallidire.
- Sudare.
- Accelerazione del respiro.
- Stropicciarsi le dita.
- Tremore delle mani.
- Appoggiarsi a un sostegno.
- Portare il sedere sul bordo della sedia.
- Orientare le gambe in una direzione diversa dal tronco.
- Cambiare spesso posizione quando si è seduti.
- Calpestarsi i piedi.
- Sollevare le punte delle scarpe.
- Pallore o irrigidimento.
- Arresto delle gesticolazioni.
- Afonia.
- Brividi di freddo.
- Perdita della motilità fine.
- Sfregarsi il naso.
- Sollevare la punta del naso.
- Grattarsi la zona tra il naso e la bocca.
- Sfregare l'angolo interno della zona lacrimale.
- Stringere o grattare il sopracciglio.
- Grattarsi la fronte o la testa.
- Spazzolare o togliersi briciole invisibili.
- Togliersi di dosso un capello, della polvere o altro.
- Grattarsi con la penna o con un dito.
- Spingere un oggetto verso l'ìnterlocutore.

- 😊 Creare barriere.
- 😊 Mettere le mani o i pugni sui fianchi.
- 😊 Strappare
- 😊 Rimboccarsi le maniche
- 😊 Stringere il pugno.
- 😊 Schiena fortemente inclinata all'indietro.
- 😊 Annuire troppo insistentemente.
- 😊 Disallineamento.

•Osserva un'immagine statica relativa a un dialogo tra due o più persone. Scrivi tutto ciò che riesci a capire. Ipotizza…e fai esercizio.

•Ora osserva un'interazione di due o più persone in un contesto dinamico. (un dialogo di avventori in un bar, un dibattito, un colloquio d'affari o privato…) Qui non ci interessano le parole puoi anche osservare in disparte ed azzerare il volume. Osserva in particolare le dinamiche prossemiche dello spazio…I corpi che si avvicinano e si allontanano insomma… Scrivi assolutamente tutto quello che riesci a capire. Segui e fidati della tua intuizione, dopo esserti preparato accuratamente. Fai ipotesi e soprattutto… non fidarti mai di interpretazioni meccaniche in base al linguaggio del corpo che hai appreso. Tu vai oltre… Fai molto esercizio, scoprirai che è significativo capire i rapporti tra le persone…

PASSO 3

•Analizza e ripensa ai tuoi discorsi e dialoghi. Rifletti quanto sono presenti le cose obbrobriose… (Cfr. capitolo 3).

•Ascolta, osserva e analizza i discorsi di altre persone, anche affermate, prestigiose o pseudo tali… Constata quanto siano diffuse queste modalità comportamentali… Scrivi e appuntati tutto quanto riesci a reperire.

●Ora cancella tutto… o almeno evita più che puoi tutto questo.

PASSO 4

Rifletti e rispondi a queste domande: (Cfr. capitoli 1 e 2)
●Perché ti stai esercitando? Perché ti piace e ti interessa?
●Cosa vuoi ottenere quando avrai compreso, creato e variato ogni forma con le giuste parole?
●A cosa aspiri realmente o segretamente?
Non accontentarti di risposte superficiali.
Cerca la verità.
Prenditi il tempo che occorre. Se ti viene meglio inizia e poi riprendi in mano le risposte quando le avrai chiare in te.
Scrivi la verità.
●E tu chi sei veramente? (Cfr capitolo 35)

PASSO 5

Inizia a chiederti in senso più ampio e globale possibile…
●Come posso applicare le cose che sto imparando o migliorando ai miei campi di interesse?
●Cosa posso fare per applicarle in modo elegante ed efficace?
Le idee tra un po'arriveranno…
●Fai ipotesi e modificale fino a quando ne sarai soddisfatto.

PASSO 6

Se fare le cose in modo diverso dagli altri è un modo per farsi ricordare e restare impressi…(Cfr. capitoli 4 e 5)

Se esistono infinite rotture di schemi in ogni campo e ho fatto esempi relativi alla pittura, al cinema e alla musica…(Cfr. capitoli 7, 8 e 9)

- Identifica il modo in cui qualcuno rompe lo schema in qualsiasi campo.
  - Cerca di spiegare perché ha funzionato?
  - Cerca molti esempi e prendi appunti.

Non tutte le rotture di schemi sono efficaci…

- Se vuoi, guarda assolutamente il film di Francois Truffaut " Tirate sul pianista" del 1960 con Charles Aznavour e Marie Dubois. Il tema principale è la timidezza ma parla altresì dell'amore. Truffaut reduce dal grande successo di "I quattrocento colpi" ha timore che la celebrità lo intrappoli e lo limiti. Decide di dedicare un lavoro ai veri cinefili e concepisce un film che rompe ogni schema con una mescolanza di stili e generi. In apparenza lo sconcerto proviene da un film giallo dove si mescolano commedia, dramma, sentimento e comicità. L'opera è un flop commerciale e di critica. Tuttavia, in una sala di New York il film rimane in cartellone ininterrottamente per oltre un anno e viene riconosciuto come un cult della cinematografia europea. Da notare che dieci anni dopo viene riproposto nelle sale e ottiene nuovamente scarso riscontro. Pubblico e critica non sono ancora pronti… Quindi, ogni rottura di schemi si mescola anche al tema della solitudine, dell'incomprensione e della critica.

- Rifletti e considera valore, significato e successo come campi spesso indipendenti. Cosa pensi in proposito?

- Cerca esempi a qualsiasi livello di cose che non hanno funzionato, che non sono piaciute.

- Ipotizza il perché.

PASSO 7

●Anche se non l'hai mai fatto, scrivi qualche poesia su uno o più argomenti. Scegli con cura le parole … che siamo limpide ed efficaci.

●Poesia e prosa nel tuo linguaggio sono lontani o presenti entrambi? Fai ricerche. Esperimenta.

●Prova ad introdurre elementi poetici nella tua prosa. Prova e vedi che effetto hanno sugli interlocutori.

●Leggi poesie, soprattutto quelle che ti piacciono e ti provocano emozioni. Ti serviranno …(Cfr. capitolo10)

PASSO 8

●Cerca ovunque esempi di persuasione.

●Cerca ovunque esempi di manipolazione. Prendi appunti anche rispetto a tue azioni personali.

●Analizza le implicazioni di alcune azioni persuasive e manipolatorie.

●Fai l'analisi delle implicazioni di alcune proposte o discorsi. (Cfr.6 e 20)

PASSO 9

●Identifica lo stile indiretto in passaggi persuasivi o manipolatori. Crea o trova esempi. (Cfr. capitolo 11)

PASSO 10

●Ricerca denominazioni suggestive. Spiegale sinteticamente. (Cfr. capitolo 23)

PASSO 11

●Componi truismi.
●Genera campi affermativi.
●Genera campi negativi. (Cfr. capitolo 25)

PASSO 12

●Identifica posizioni relativiste. Fai esempi (Cfr. capitolo 21)
●Identifica zone d'ombra. Fai esempi (Cfr. capitolo 22)

PASSO 13

●Rifletti sull'importanza di inserire schemi linguistici nelle tue argomentazioni. Schematizza le tue motivazioni. (Cfr. capitolo 24)

PASSO 14

●Schematizza le diverse forme di potere e di controllo in un dato campo. (Cfr. capitolo 26)

PASSO 15

●Crea diverse triplette inserendole in un discorso. Prendi sempre appunti.(Cfr. capitolo 27)

PASSO 16

●Schematizza diversi tipi di reazioni a seguito di un dolore o di una manipolazione. (Cfr.capitolo 28)

PASSO 17

●Rifletti e prendi appunti dettagliati su ciò che ti limita e ti incatena. (Cfr. capitolo 31)

PASSO 18

●Crea e scrivi argomentazioni e schemi che generano dubbio. (Cfr. capitolo 30)

PASSO 19

- Afferma negando. Fai esercizio con la preterizione. Genera esempi dai tuoi campi… (Cfr. capitolo 29)

PASSO 20

- Introduci il racconto di storie nei tuoi discorsi.
- Crea metafore semplici.
- Crea e utilizza metafore più complesse.
- Utilizza immagini. Fai esercizio (Cfr. capitoli 11 12 e 13)

PASSO 21

- Identifica momenti in cui stai generando onde alpha e theta. Prendi nota e descrivili. Osserva quanti riesci a identificarne in un giorno. (Cfr. capitolo 14).

PASSO 22

- Identifica una qualche forma di potere. Rifletti e schematizza come si sviluppa e si articola. Rifletti su queste forme di controllo. (Cfr. capitoli 17 e 26)

PASSO 23

●Trova e elenca situazioni in cui si esercita il potere dell'Ethos. Prendi appunti. (Cfr.capitolo 19).

PASSO 24

●Crea qualche dialogo diretto e applicalo.
●Crea comandi nascosti e applicali. Prendi appunti ed esercitati. (Cfr. capitoli 33 e 38).

PASSO 25

●Identifica in interazioni in cui sei stato persuasivo le tre fasi della tua efficacia. Prendi appunti (Cfr. capitoli 15, 16 e 37).
●Qual è il tuo stile persuasivo ora. Rispetto a prima, in cosa c'è stata trasformazione? (Cfr. capitoli 18 e 34).

Se vuoi vedere un esempio concreto di persuasore digita su you tube Giacinto Auriti e studia tutti i suoi filmati. Quello che conoscerai non è solo il faccione bonario di un "pensionato" sorridente... Conoscerai un uomo autorevole, temerario, forse sprovvisto di buon senso, che ha cercato di fare qualcosa di decisivo per un bene comune... Vedrai un persuasore silenziato e semidimenticato... Senza entrare nel merito del suo campo, ascolta i suoi dialoghi, le sue immagini, le metafore, i suoi passaggi esplicativi per essere compreso da tutti anche in un una materia ardua... Trova "Il segno del suicidio", "L'isola", "Sangue avvelenato","La pepita d'oro", "Sciopero dei debitori", "La carta e l'inchiostro", "Ricchezza in un mondo di morti", "Le mangiatoie", "Non ci sono vie di mezzo", "Il segugio che insegue la lepre", "Il

cretino è più pericoloso del delinquente", "La migliore lezione",
"La dignità gratuita" e altri passaggi ancora... Al di là del valore
profetico della sua analisi che oggi tocchiamo con mano..."tutte le
generazioni che seguiranno la nostra saranno messe nella scelta tra
il suicidio e la disperazione..." studiane lo stile, sarà per te una
lezione impressionante e preziosa...

L'ultima domanda è forse la più interessante per me, per
questo te la rivolgo una seconda volta...
●Cos'è irresistibilmente? Se vuoi dirmelo o inviarmi i tuoi
appunti e riflessioni sui tuoi **passi**, li leggerò e sarò lieto di
risponderti con le mie impressioni. Scrivi a
irresistibilmente@gmail.com

Grazie.

Indice dei Capitoli

www.ingramcontent.com/pod-product-compliance
Lightning Source LLC
Chambersburg PA
CBHW062052280526
45788CB00003B/1204